寒鲲 著
陈梦楚 绘

山西出版传媒集团
三晋出版社

太原，一座建城两千五百多年的古城，以春秋晚期的赵简子、董安于君臣创建为开端。自建城始至五代十国的一千五百年，这里又被称作"晋阳城"，是山西中北部乃至中国更北方的政治、经济、文化、军事中心。在中国历史行政区划上，秦汉"太原郡"、汉唐"并州"、唐五代"太原府"均以晋阳古城为治所。

　　"太原"之名早"晋阳"之名半个世纪，早在公元前541年晋国卿家荀吴北征太原盆地，将太原盆地纳入晋国治下时，便已登上历史舞台。历史上的"太原"，往往指代太原盆地北部及其周边的一片广大地域。曾经的太原郡甚至包括今日的忻州、阳泉、吕梁、晋中等地。

　　晋阳城，作为太原郡或太原府长达一千五百年的中心都会，留存了大量从春秋战国至五代十国的精美文物。晋阳城及其周边区域是如今太原市晋源区的重要组成部分，也是太原市历史古迹最为密集的一片区域。

　　我们的太原访古之旅，将从晋阳启程……

目录 /Contents

01 第一章

晋 阳 / 001

赵卿墓 / 004　　　晋阳古城考古博物馆 / 020
娄睿墓 / 010　　　太原博物馆 / 024
徐显秀墓 / 014　　太原古县城 / 026
虞弘墓 / 018

02 第二章

府 城 / 031

拱极门 / 036　　　崇善寺 / 050
太原府城隍庙 / 038　太原府文庙 / 052
普光寺 / 040　　　纯阳宫 / 054
圆通寺 / 042　　　首义门 / 058
关帝庙 / 044　　　永祚寺 / 060
唱经楼 / 048　　　藏经楼 / 064

03 第三章

西　山 / 067

龙山童子寺 / 070　　龙山石窟 / 086
蒙山开化寺 / 072　　晋祠 / 088
天龙山石窟 / 078　　阿育王塔 / 096
太山龙泉寺 / 082　　明秀寺 / 098
华塔寺 / 084

04 第四章

清　徐 / 101

清源县文庙 / 104　　徐沟县文庙、城隍庙 / 110
狐突庙 / 106　　　　尧城村尧庙 / 112

05 第五章

阳　曲 / 115

新店永宁堡 / 118　　范庄大王庙 / 130
窦大夫祠 / 120　　　不二寺 / 132
净因寺 / 122　　　　辛庄开化寺 / 134
多福寺 / 124　　　　史家庄三塔 / 136
悬泉寺 / 126　　　　石岭关 / 138
轩辕庙 / 128

JINYANG

第一章
Chapter 01

·晋阳古城西北夯土古城墙

公元前 497 年，春秋霸主——晋国，正处于被"卿家"分割君权的水深火热之中。晋国的赵氏家族在这一年修建了一座城池，作为家族北上进攻的战略支点和躲避惨烈政治斗争的自保老巢。这座城池位于晋水北岸，古人称河流北岸、山脉南麓之地为"阳"，城便被起名为"晋阳"。进可攻退可守的地域优势成就了晋阳城"保险箱"的功能。

修筑晋阳城的负责人叫董安于，赵氏家族家主赵鞅的股肱之臣。他用大量的铜铸造宫殿里的柱子，用荻蒿楛楚等植物的茎秆做墙壁的骨架，四周城墙则就地取材，将太原盆地的"卤土"、汾河的河沙混合，夯土版筑。铜柱在战时可熔铸为兵器，植物茎秆则可被改造为箭杆。赵简子、赵襄子父子的备战智慧在这里得到了充分体现。

自赵简子、董安于君臣开始，经历战国、秦、两汉、魏晋南北朝、隋唐、五代十国，晋阳一直是中国北方黄河流域的一方重镇。坚固的夯土城墙经历了一千五百多年的风吹雨打。如今，城墙西北段的残垣断壁依旧屹立于太原市区西南，晋阳古城的西北处。

赵卿墓

这种规模的车马坑，可以说是"春秋版豪车展厅"。

1988年5月，考古工作者在太原金胜村发现了一座春秋晚期晋国高等级贵族大墓。墓主人拥有两组七鼎（在"列鼎制度"中，诸侯用七鼎），墓葬还附有一座大型车马坑。这样规模的车马坑，是墓主人生前把持军政大权的地位的象征。据学者推测，这座大墓很可能是赵氏家族家主赵简子或赵襄子的墓葬。如今，它已被整体移入太原博物馆原件展出。

·赵卿墓车马坑

今天，山西青铜博物馆还陈列着两件赵简子生前享用酒肉美食的代表性青铜器。

一件是用来煮肉的镬鼎。商周时期的贵族往往以"鼎"作为统治权力的象征，鼎中煮肉，可是商周统治者的专享特权哦！

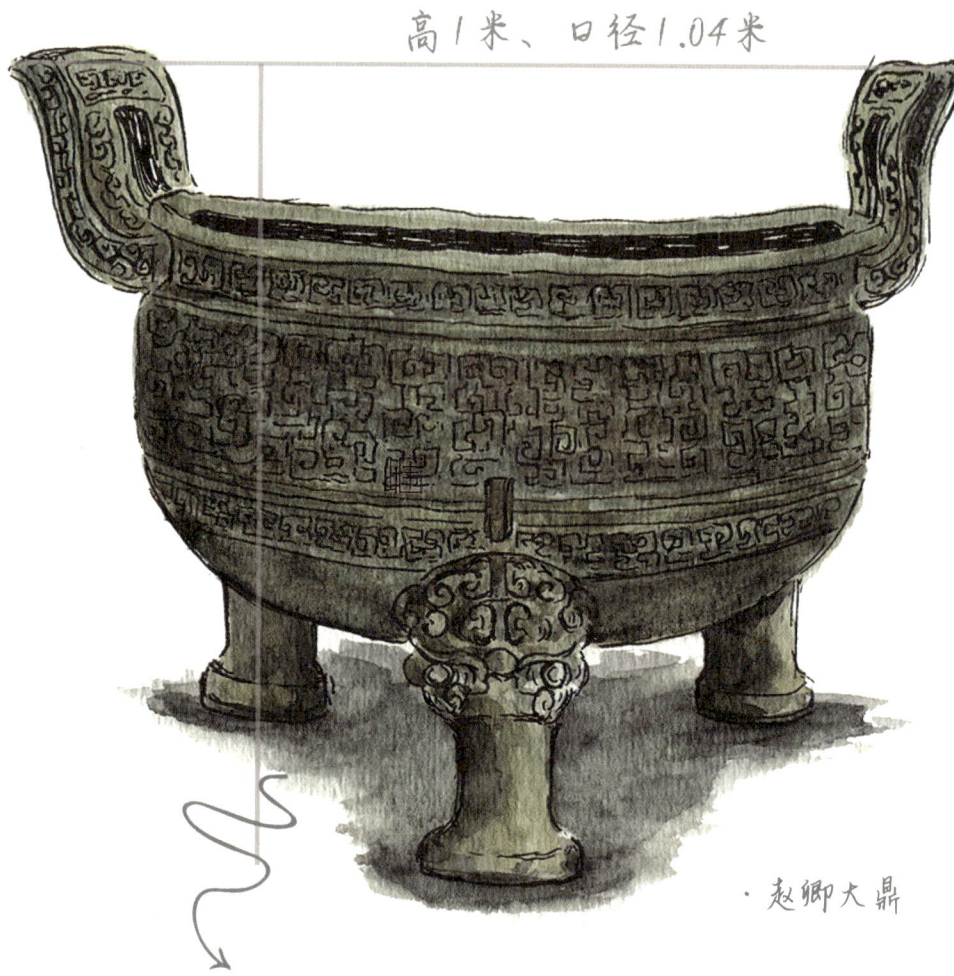

高1米、口径1.04米

· 赵卿大鼎

· 国内已知的春秋时期最大青铜鼎。鼎内沸腾的何止是肉汤，还有晋国卿权的"霸气侧漏"！

高25.3厘米、长33厘米

·赵卿鸟尊

另一件是用来盛酒的鸟尊。一只昂首挺胸的大鸟，鸟喙被做成出酒的流口，鸟的前胸与下腹铸满华丽的羽毛，双翼正羽与副羽结构清晰、层次分明，写实与写意完美交融，透出尊贵气质。鸟爪带蹼，为鸟尊提供了更稳定的支撑。鸟尊后尾下部，一只倒立的小老虎用后腿蹬起鸟的尾羽，老虎前腿支撑，构成了鸟尊的第三足。一把虎状提梁趴伏在鸟尊背部，提梁下，锁链和尊盖连接，防止盖子遗失。

两件青铜器造型优美、纹样繁复，体现出春秋时期晋国铸铜技艺的高超水平。

战国时期，有铸币厂的城邑，一般都是规模较大的城池。三家分晋后，赵国逐步迁都到了邯郸（今河北省邯郸市），晋阳成为赵国的西部重镇。收藏于山西博物院的"晋阳"青铜布币，诉说着晋阳城铸币厂的辉煌。布币上的"晋阳"二字，是我们在文物上发现的"最早的晋阳"。

赵国是一个同时发行布币与刀币的国家。战国时期，晋阳城出土的钱币也发现了有"甘丹"（邯郸的旧称）字样的刀币。看来，赵国在都城邯郸也建了铸币厂。

秦赵长平之战后，秦军逐步吞并了太原盆地，晋阳城便成了秦国太原郡下辖的晋阳县。秦国"半两"圜钱货币逐渐在晋阳城流行了起来。

·赵国的"甘丹"刀币，藏于山西博物院。

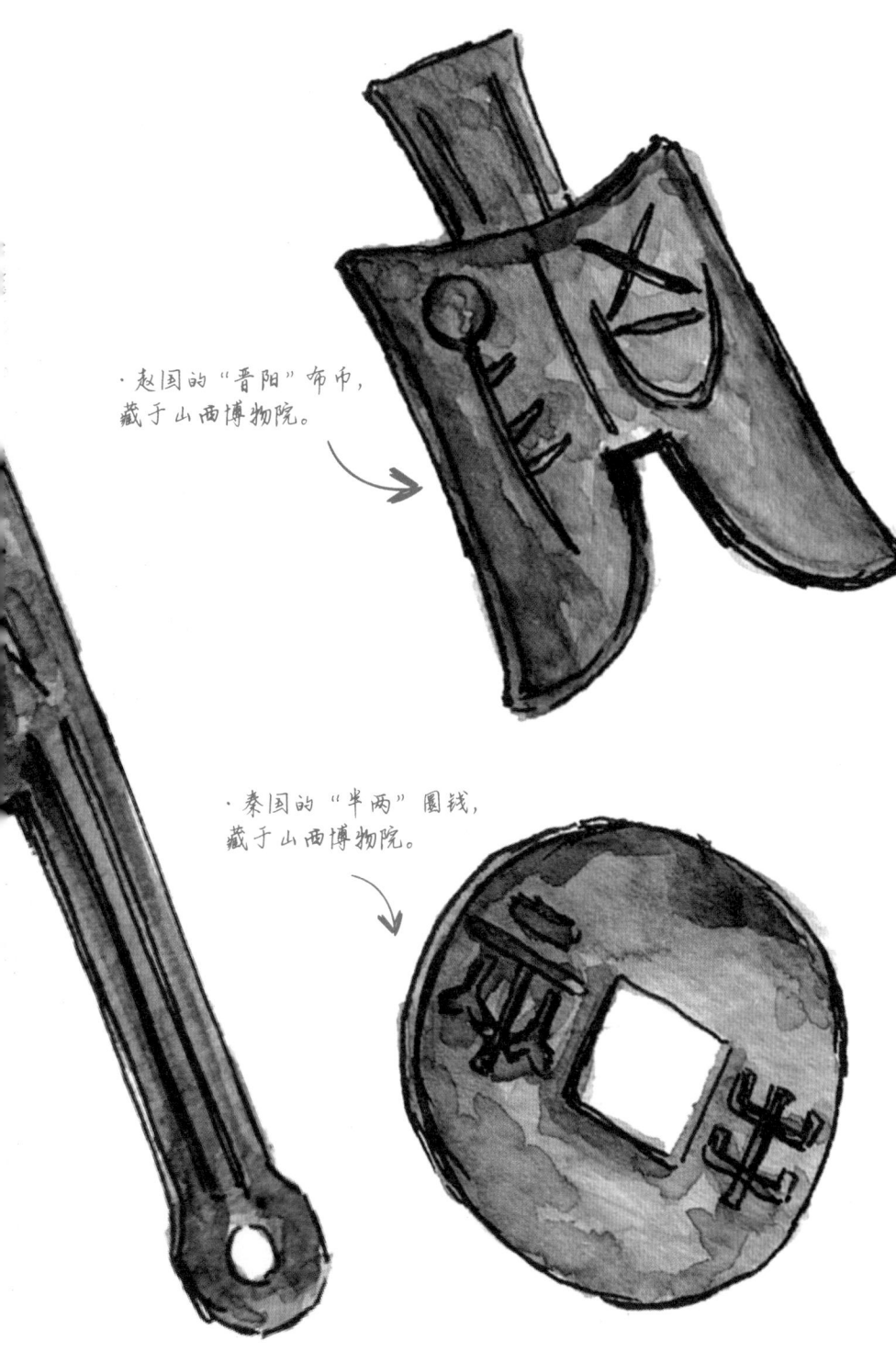

· 赵国的"晋阳"布币，藏于山西博物院。

· 秦国的"半两"圜钱，藏于山西博物院。

娄睿墓

官渡之战后，晋阳城被曹操夺取。为了充实长城沿线各州的人口，曹操允许匈奴、鲜卑、杂胡部落内迁至太原郡晋阳县所属的并州地区。晋阳城附近逐步成为大批胡人的定居点，"胡汉交融"成为这个时期晋阳城独特的文化现象。

慢慢地，晋阳还有了来自西域的粟特人、波斯人、龟兹人、于阗人、疏勒人、天竺人。

魏晋南北朝时期，晋阳汇聚了大量丝绸之路沿线的多元文化。在山西博物院的民族熔炉展厅，有一件出土于娄睿墓的北齐红陶牛，此牛的造型与中国内地的牛完全不同，据专家考证，它应该是来自古印度次大陆的峰牛。

到了唐代，峰牛变得普遍，在诸多唐墓中多发现类似牛俑。由于牛的颈部有个凸起如"峰"的肉瘤，此牛在唐代被称为"瘤牛"。

· 牛背上披挂着的装饰物，原型由皮革与铜牌组成，这可是当时贵族牛车的"标配"哦！

娄睿墓陶牛

娄睿墓，位于晋阳古城以南的王郭村，因精美的壁画作品闻名于世。

娄睿，北齐外戚，北齐武明皇后娄昭君的侄子。他跟随姑父高欢于信都起兵，屡立战功，在东魏、北齐时期屡任高级官员。显赫的社会地位，让他有能力下大力气装点自己的墓室空间。为他绘制墓葬壁画的很可能是当时著名的画家杨子华。如今，这些壁画大多在北齐壁画博物馆展出。

这匹"空鞍马"，似是主人娄睿的坐骑，它是唯一注视着观者的画中生灵。它似乎在等候主人的魂灵乘着自己奔往天界。

"鞍马游骑图"是这些壁画中最著名的。庞大的出行仪仗中,骑手、马匹表情各异,有从容前行者、有顾盼观瞻者、有庄严肃穆者、有受惊慌张者,线条流畅简易、身型大气标美,是北齐时期难得的上乘画作。

·娄睿墓鞍马游骑图(局部)

徐显秀墓

徐显秀，北齐时期大臣。曾先后追随权臣尔朱荣、高欢驰骋沙场，屡立战功。北齐建立后，授开府仪同三司，册封武安郡王，累迁司空公、太尉。

在山西博物院民族熔炉展厅，展陈着一枚镶宝石的金戒指。宝石上刻有拿大棒、戴狮子头的赫拉克勒斯。它曾佩戴在北齐高级将领徐显秀的手指上。赫拉克勒斯是古希腊神话中的大力神，可见这位北齐勇将多么希望自己拥有大力神的护佑，能在战场上所向无敌啊！

2002年10月，徐显秀墓在考古学家的发掘中，重现于太原市王家峰村，并在国内外引起轰动。2023年12月，徐显秀墓原址之上，将传统文化与现代表达完美结合的北齐壁画博物馆建成开馆。

· 徐显秀墓室壁画（拉开浏览全景）

· 其中有两位侍女佩戴的发饰，和古印度阿旃陀石窟壁画中人物的极为相似；绘有联珠纹与女神头像的波斯风格纹样出现在马匹的鞴鞦与侍女的衬裙上。壁画中随处可见的异域元素，都是当时东西方交流密切的"证据"。

魏晋南北朝是一个动荡的时期，晋阳城在这一时期发挥着军事重镇的作用。从西晋末年割据一方的并州牧刘琨到创建后赵政权的石勒，从制霸关东的前燕王朝到统一北方的前秦政权，从短暂复兴的西燕、后燕到统一北方的北魏王朝，主要活跃在北方黄河流域的五胡十六国与北朝诸政权，不约而同地认为，只有控制晋阳城才能更好地巩固自己的政权。

·徐显秀墓辫发骑兵

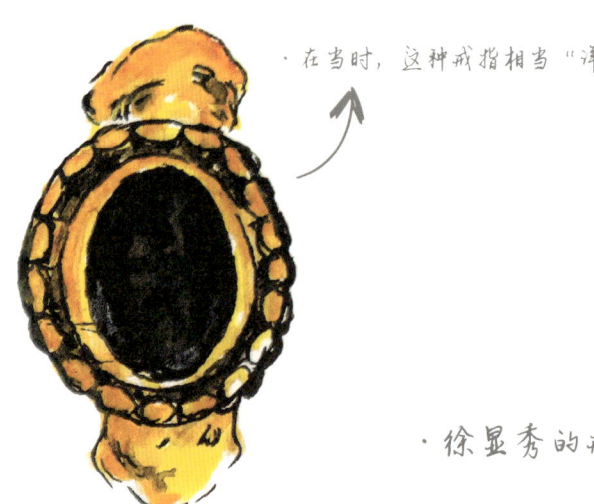

·在当时,这种戒指相当"洋气"!

·徐显秀的戒指

　　徐显秀墓室墙壁上完整地留存了一组震撼人心的壁画。看到了吗?墓主人徐显秀和夫人坐在床榻上,围屏与帷帐彰显着家居的华贵;许多高鼻深目的西域胡人,与帐下的汉人、鲜卑人一道,或牵马、拉牛车,或弹着来自西域的乐器——琵琶与箜篌,或手捧盒子,或腋下紧夹马扎,远远近近地注视着主人或队伍行进的方向。这些场景共同组成了徐显秀心中的天国世界。

015

523年，北方六镇因不堪北魏王朝压迫，发动起义。北魏王朝在六镇起义后走向崩溃，大量来自北方边镇的军户逐步被尔朱荣、高欢安置在晋阳城所在的太原盆地及其周边区域。这些杂糅着汉、胡、鲜卑、粟特、波斯文化的人群，为晋阳地区在北朝后期乃至接下来的隋唐时期奠定了极为多元的文化基础。

我们在北齐权贵和将领墓葬的出土文物中常常可以看到东魏、北齐时期的这些"军旅人群"。

·徐显秀墓虎皮镇墓俑

017

虞弘墓

　　虞弘，来自西域一个叫"鱼国"的城邦国家，是一位受到波斯文化影响的粟特人。他先后出仕于柔然、北齐、北周、隋朝，担任外交使节、从事商贸活动，是一位融合了大量丝路元素的来华胡商。虞弘在552年左右来到晋阳城，在此定居40年直到去世，并被安葬在隋代晋阳城南的贵族墓葬区。可以说，虞弘就是北齐与隋初晋阳城内多元面貌与万千气象的"代言人"。

　　在山西博物院民族熔炉展厅，有一件出土于1999年晋源区王郭村虞弘墓的美轮美奂的汉白玉石堂，堂身、堂座上以浅浮雕或线刻彩绘，描摹了来自波斯文化与草原文化的各种形象，汇集了丝绸之路上的众生相。

　　汉白玉石堂堂身浮雕图案的中心是虞弘夫妇为主尊的宴乐图。夫妇二人相互敬酒，接受头戴圆光的天人礼赞，享受着有排场的乐舞表演，仿佛置身于天国世界。两旁有天人执壶、胁侍执拂恭候。前面的胡腾舞者及六位坐部伎，分别演奏琵琶、箜篌、束腰鼓、钹、笛与箫。画面下部，两位力士奋力与狮子搏斗，他们的头已被狮子大口吞咬，却还在挥拳砸击，或以剑刺穿狮子心脏。胜负之间，令人揪心！

虞弘墓石堂

· 它的堂顶、前廊柱、廊柱础、堂门楣和门挡，因出土前墓室塌陷变形等原因，无法与堂身复合。

晋阳古城
考古博物馆

·晋阳古城砖瓦构件

  隋朝因为隋炀帝的激进施政逐步走向崩解时,李渊父子利用晋阳城的军政资源起兵,建立了唐朝,太原郡被升格为"太原府",太原府地方长官被称为"太原尹"。在唐宋时期能够称"府"的都是大都会。不久,太原府又被升格为"北都",成为仅次于上都长安、东都洛阳的"大唐第三都"。晋阳古城的规模由此达到最大,并设置了两个附郭县——太原县、晋阳县。

今天，除了几段夯土城墙和考古发掘的几处宫殿基址外，晋阳古城已经消失在了历史云烟中。但是，2024年1月19日开馆的晋阳古城考古博物馆，则带着我们重回晋阳，体验了一把春秋至五代间一千五百年的晋阳往事。

· 晋阳古城考古博物馆场馆外立面

· 位于太原古县城东北处，馆内设置了"肇建晋阳""名都并州""霸府别都""盛唐北都""锦绣太原"五大篇章。

在晋阳古城考古博物馆中，我们能看到一座 2019 年 8 月出土于太原市万柏林区小井峪的唐墓，墓室内绘有壁画。根据出土墓志记载，这座唐墓的主人是上骑都尉郭行，他曾追随唐太宗李世民征讨高句丽。初唐名将薛仁贵也是在这次远征中被李世民发掘到的将才。二人很可能曾相会于远征途中吧！

· 墓顶四面有青龙、白虎、朱雀、玄武，屏风画中，树下贤人比画着时尚的"剪刀手"。

· 太原小井峪唐代郭行墓壁画

太原博物馆

· 太原博物馆外立面

汾河西畔的长风商务区，自北向南依次分布有太原美术馆、山西省图书馆、山西大剧院、山西青铜博物馆、太原博物馆、山西省科学技术馆。其中，太原博物馆的展陈，构成了一部太原古代通史。

从旧石器时代的文化遗存到新石器时代的古国林立，从春秋秦汉的晋阳建城到北朝隋唐的霸府北都，再到宋元明清时期的太原府城，这里的文物可以让我们体会到千万年的光阴流转。

· 晋祠小木作屋顶模型

· 这件"宋金时期木构楼阁"的单檐歇山顶模型，原件藏于晋祠博物馆。

太原古县城

979年，北宋大军攻克晋阳城。宋太宗赵光义对其进行了火烧水淹。至此，北方名城晋阳，在建城的第1476年彻底被毁。

晋阳城被赵光义毁掉后，太原府治跨汾河北迁。从此，晋阳古城所处区域就失去了太原盆地甚至整个山西中部的行政中心职能，原先的太原县与晋阳县，也随着晋阳古城的废毁而撤销。北宋皇帝为了杜绝晋阳再度成为"龙兴之地"（晋阳曾是多个政权的"龙兴之地"），在毁灭晋阳城的同时，用"平晋县"取代了"太原县"和"晋阳县"。直到明洪武八年（1375年），"太原县"之名才恢复。它隶属于太原府，是一个"府县同名却不同治"的"府辖郊县"，这在中国古代行政区划史中算是一个比较少见的现象。

· 古城墙历经洪武、正德、嘉靖、隆庆、万历、顺治、康熙、乾隆、道光、同治、光绪等朝建筑与修缮。如今恢宏的城墙是在2013年至2020年间经保护性修复而成的。

2021年5月，历经八年的修缮与重建，"太原古县城"以崭新的面貌屹立于太原市晋源区新晋祠路的西侧。如今，漫步城内，明清、民国、现代复建的建筑错落分布，恍如在时空中穿梭。

太原古县城东、南、西、北各有一座城门。东门临近汾水，故名"观澜"；南门外是太原县境内较为富庶的田地，且"南风"往往被认为是"舜的德行"，故名"进贤"；西门外是太原盆地较为秀美的西山风光带，故名"望翠"；北门朝向象征着天子的北极星，故名"奉宣"。

现在太原所存的古县城城墙是在改回"太原县"名后开始修筑的。城墙周回3.7千米，墙高11米，墙底宽13米、上宽7.95米。城墙上有城垛51座、敌台32座。城内有九街十八巷，共有大小祠堂和寺庙50余处。墙外有深一丈的壕沟。

·太原古县城城墙

· 太原县文庙大成门

　　太原县文庙创建于明洪武六年（1373年），明清时期，随着太原县的设置被称为"太原县文庙"。现存文庙的大成殿与大成门是明清时期的建筑，其余建筑均为近年复建。

　　1947年，太原县改称晋源县，文庙也改称"晋源文庙"。它成为古县城里保留下来的唯一一处全国重点文物保护单位。

FUCHENG

Chapter 02
第二章
府城

如果说晋阳古城是太原前半段历史的中心，那么太原府城便是太原后半段历史的中心了。

从982年潘美创建太原府城，到1371年明朝初代晋王朱棡的岳父谢成主持扩建太原府城，再到1911年10月29日太原起义，太原府城经历了929年的古代营建与变迁。太原府城的这段历史可以分为宋、金、元三朝的389年与明、清两朝的540年两个阶段。

第一阶段要从潘美创建太原府城说起。宋代重建的太原府城规模相当小，城周只有约5千米，四面各开一城门，东门叫朝曦，南门叫开远，西门叫金肃，北门叫怀德。整个府城大致相当于今天的文瀛公园、桥头街、国师街、饮马河、东西缉虎营、起凤街等街道合围的区域。今天的后小河、饮马河、南海子、文瀛湖都是宋代太原府城的城壕遗存。

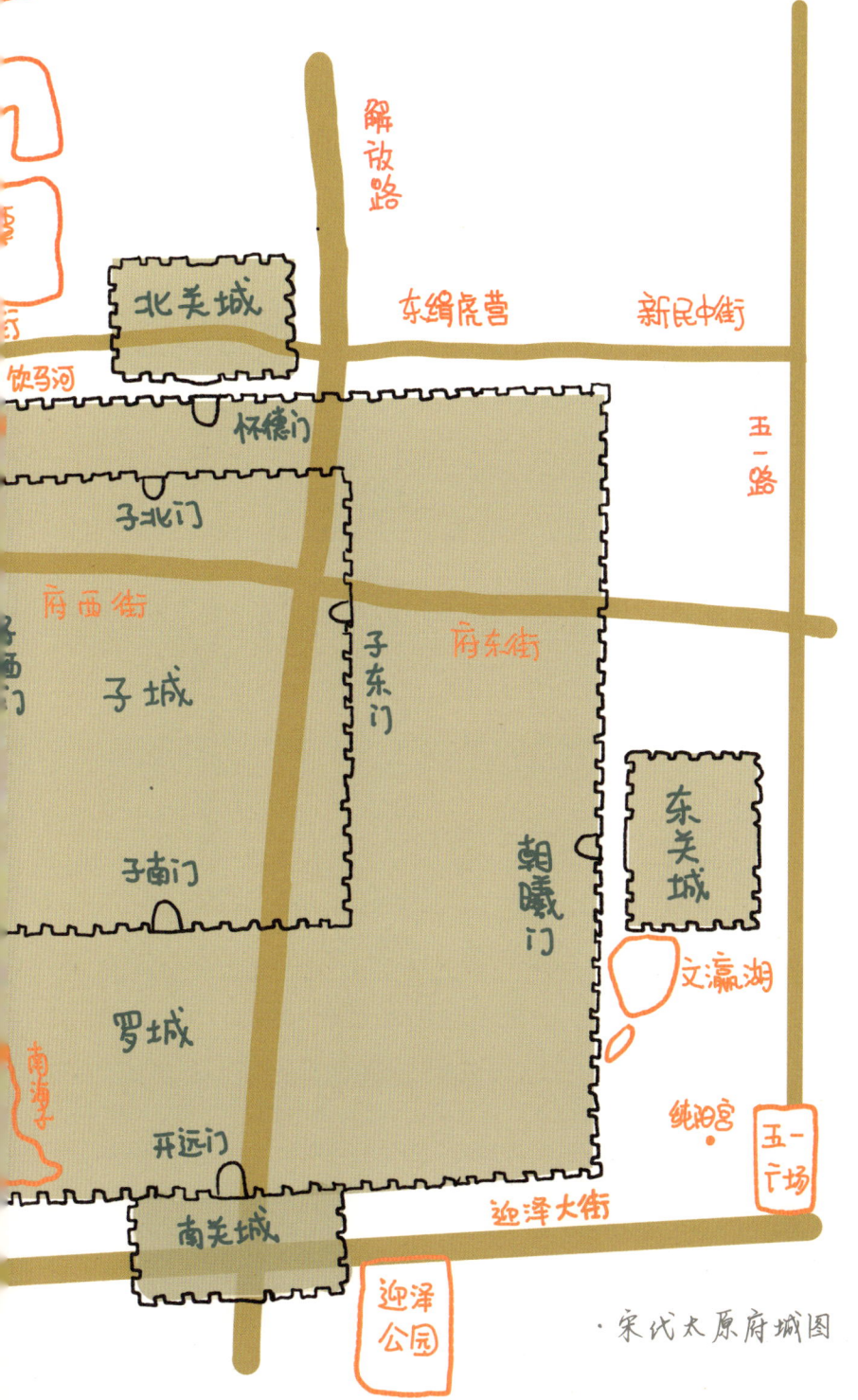

· 宋代太原府城图

第二阶段，明代太原府城在宋代太原府城的基础上，向北、向东扩展，形成了周回12千米的规模。它的东、南、西、北各开两门，分别是宜春门（大东门）、迎晖门（小东门）、迎泽门（大南门）、承恩门（小南门）、振武门（水西门）、阜成门（旱西门）、镇远门（大北门）、拱极门（小北门）。八门外均有瓮城，城四角有角楼，城墙上有敌楼90座，规模颇为宏大。

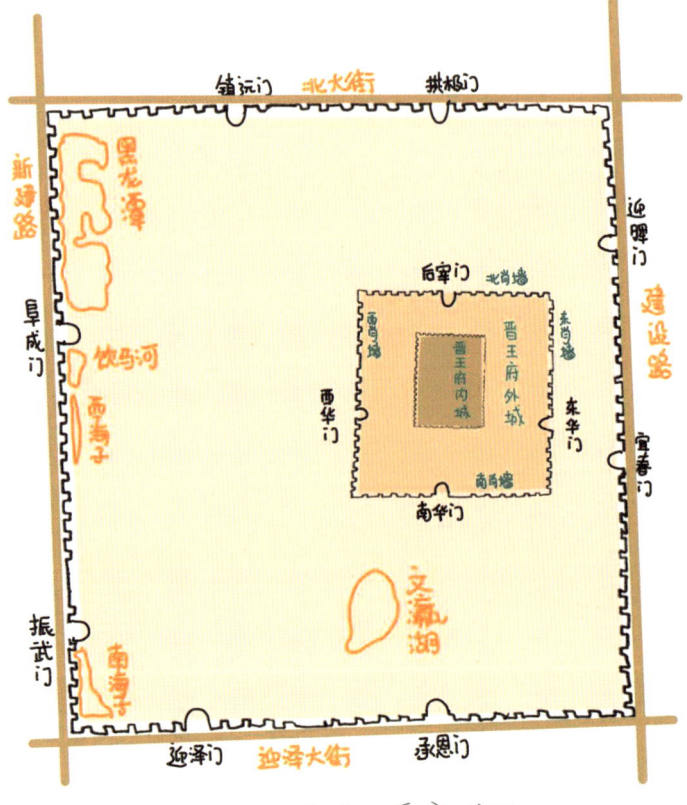

· 明代太原府城图

1376年前后，明朝初代晋王朱棡的岳父谢成营建了晋王府，王府以宫城、萧墙两道城墙合围而成。宫城开有四门，分别是东华门、南华门、西华门、后宰门。萧墙则简写为肖墙，四面分别叫作东肖墙、南肖墙、西肖墙、北肖墙。晋王府周围还有分封出去的晋藩小宗郡王府20多支，均以山西中部及西南部的地名为王号。

今天，游走于太原的街巷，不经意间就会和东华门、方山府、宁化府、北肖墙这样的古地名邂逅。

·府城古迹汇总图

拱极门

拱极门是明清太原府城北段东部的城门，因为不是正北门，所以被太原人叫作"小北门"，与"大北门"镇远门东西并峙，守护着太原府城的北部。

"拱极"是"拱卫北极星"的简称，北极星在古代有皇帝与皇权之引喻，拱极，即拱卫皇权，是明清时期中国各地府县北门常用的名号。

拱极门位于杏花岭区北大街，始建于1376年，1949年毁于战火，2005年修复完成。其为砖木混合结构，三层四檐歇山顶楼阁式城楼。

·拱极门南侧立面

太原府城隍庙

太原府城北部的城坊街坐落着太原府城隍庙。城隍庙是中国古代一座城池的标配。"城"本是"城墙"之义,"隍"则是"城壕"之义。城隍庙本是祭祀城墙与城壕的神庙,后来逐渐衍生为一座城池的守护神。明代以后,全国的府、县都会建城隍庙。《大明律》甚至明确规定,知府、知县上任当天,要在城隍庙内住宿斋戒。

太原府城隍庙创建于明洪武三年(1370年),其周边在明清时期一直是太原府城内重要的商业中心,如今依然。

城隍庙原址上留存有钟楼、鼓楼、东配殿。2010年,城隍庙现存建筑完成了修复改造,成为如今的城隍庙遗址广场。

·城隍庙东配殿

普光寺

普光寺位于太原府城的西缉虎营,传说创建于东汉末年建安年间,唐初赐额"普照寺",武则天时期因避讳武则天之名"曌"而改名"普光寺"。它位于从晋阳古城前往文殊道场五台山的交通要道上,并因此逐渐成为一方大寺。元代高僧八思巴、明初高僧板特达均曾在此驻锡或担任住持。两位高僧均被当时的皇帝奉为"国师"。

普光寺现存的大殿是元代木构建筑,大殿前抱厦、山门为清代所建,东、西配殿和藏经阁为 2013 年至 2020 年间修建的仿唐建筑。

·普光寺大殿

圆通寺

　　圆通寺位于太原府城东缉虎营，与普光寺相近。其本是明代方山王朱美垣营造的家庙。朱美垣是第二代晋王朱济熿之第五子，第三代晋王朱美圭之弟。朱美垣进封方山郡王后，一心向佛，在方山王府南修建了此寺。明隆庆六年（1572年），圆通法师住持此寺并将其改名为圆通寺。

　　圆通寺于2020年修复完成。寺旁是宋金元时期太原府城的东护城河——后小河。明清及民国时期，这里有正月十五放河灯的习俗。如今，护城河消失了，但"后小河"的名字却一直镶嵌在城市中。

关帝庙

关羽祖籍山西运城解州。明清时期，关羽逐渐被皇室、士农工商、三教九流共同尊奉为"帝"。太原府城作为明清时期的山西省城，关帝信仰更是繁盛，仅《阳曲县志》记载的明代城内关帝庙就有27座之多。

如今，府城范围内现存的关帝庙仅剩4座。其中，以庙前街大关帝庙规模最为宏大，故名"大关帝庙"。另外3座是唱经楼关帝庙、西校尉营关帝庙、南肖墙关帝庙。

大关帝庙内，除正殿是明代木构建筑外，其余多为清代建筑。

·大关帝庙正殿

西校尉营关帝庙始建于北宋时期，元代重建，是太原府城内营建最早的关帝庙。现存建筑中的正殿、献殿、钟楼、鼓楼、寝宫为明代所建。

西梭尉营关帝庙正殿与钟鼓楼

唱经楼

唱经楼位于太原府城鼓楼街中段。在明代，它的正北面便是山西布政使司衙门（山西督军府旧址，今晋商博物院）。根据现存建筑内供奉的主尊来看，唱经楼很可能曾属于一座关帝庙，"唱经楼"是这座关帝庙的标志性建筑。不过，也有说法认为，唱经楼是明清时期山西乡试之后放榜唱名之处。

唱经楼建筑群是由唱经楼、连廊、正殿、春秋楼共同构成的"L"型建筑群。其中，唱经楼和正殿是明代建筑，连廊与春秋楼为清代建筑。

·唱经楼建筑立面

崇善寺

　　崇善寺始建于唐朝初年，初名白马寺。明洪武十六年（1383年），朱元璋之子晋王朱㭎为纪念其母马氏，在刚刚竣工的太原府城晋王府以南大规模重建该寺。历时8年，至洪武二十四年竣工，并正式更名为崇善寺。自此，崇善寺一直是明代晋王府供养的皇家寺院。寺庙中轴线上有金刚殿、天王殿、大雄殿、毗卢殿、大悲殿、金灵殿六座大殿，左右还有十八座院落。清同治三年（1864年），一场大火烧毁了崇善寺的大多数殿宇，寺内主体建筑仅存一座大悲殿。

　　大悲殿是太原地区现存最为完整、最为标准的明代官式木构建筑。殿内现存的高约8.3米的千手千眼观音像、千手千钵文殊像、普贤菩萨像和高约1.7米的韦驮像，均为明代塑像。殿内还存有北宋时期的《崇宁万寿藏》、金元时期的《碛砂藏》、元代的《普宁藏》以及从其他寺院移入的不同版本的《大藏经》。

·面阔七间、进深八椽、重檐歇山顶。

·崇善寺大悲殿

太原府文庙（山西考古博物馆

太原府文庙原本位于太原府城西南的水西门振武门内，始建于宋金时期。清光绪七年（1881年），汾河发大水时文庙被冲毁。太原知府与乡绅一道上书山西巡抚张之洞定夺重建事宜。张之洞认为，崇善寺旧址所在的府城东南正是后天八卦中的巽卦所在，有利于文风吹遍全城，便于1882年在府城东南重建了如今的太原府文庙。

太原府文庙现存牌楼、照壁、棂星门、大成门、大成殿、崇圣祠、东西庑等，是一处相对完整的晚清时期文庙建筑群。

2020年，这里被确定为山西考古博物馆，山西省考古研究所经常在这里举办考古相关的展览。

太原府文庙棂星门

纯阳宫（山西古建筑博物馆）

太原府城迎泽门内起凤街上，坐落着一座古老的全真教宫观，因供奉纯阳子吕洞宾而被命名为"纯阳宫"，又叫"吕祖庙"。它的始建年代已无从考证，但丘处机弟子披云道人宋德方曾住持此宫，由此推断，营建年代应不晚于金末元初。

纯阳宫现存建筑中的道德门、献殿、吕祖殿、九窑十八洞为明万历年间由晋王府宗支朱新场、朱邦柞出资扩建，另有清乾隆年间道士高炼昌增筑玉皇阁一座。九窑十八洞组成的九宫八卦院是全国罕见的建筑孤例。

·纯阳宫正门

　　纯阳宫原本紧邻承恩门。其东侧原为通往明代晋王府的中轴线，清代以后逐渐形成了相对繁华的海子边商圈，1949年后随着五一广场的建成，成为现代太原老城中颇为繁华的地段。如今，我们踏入纯阳宫，宫内绿树成荫、殿阁连绵，反而感觉不到门外的喧嚣，是一处闹中取静的好去处。

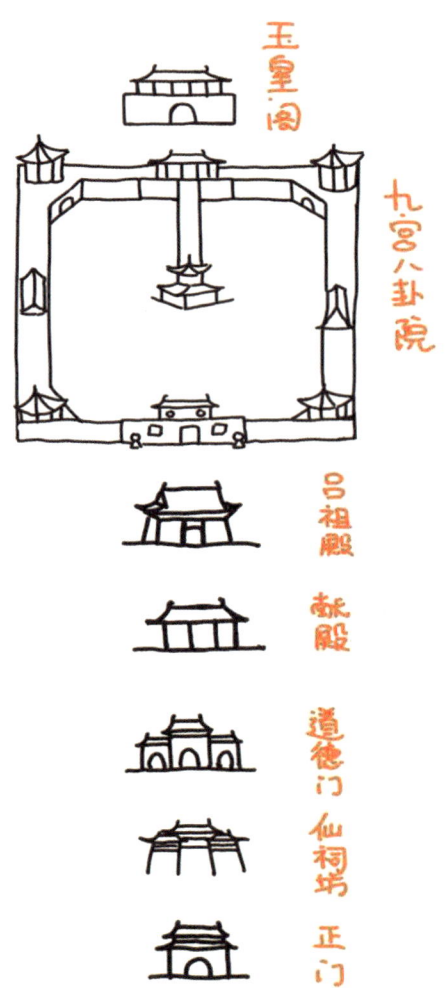

· 纯阳宫总体布局

　　1951年，山西省政府在纯阳宫成立太原市文物馆。之后，纯阳宫又成为山西省博物馆专题陈列部。所以我们能在如今的纯阳宫内看到来自吕梁的汉画像砖，来自全省各地的墓志碑刻、石质铜质或木骨泥塑的古代雕塑。这些文物中有两件入选了中国永久禁止出境的195件文物名录，它们是来自山西临猗的唐代临猗仁寿寺的涅槃变相碑和来自安邑县（今运城市盐湖区）某道观的唐代开元七年（719年）的常阳天尊像。2003年至2020年间，纯阳宫改为山西艺术博物馆，2020年后，纯阳宫与五台南禅寺、佛光寺共同组成山西古建筑博物馆。

·涅槃变相碑

·常阳天尊像

057

首义门

曾经的首义门位于太原府城南段东部，最初叫"开远门"，后来改称"承恩门"，沿用至清代，俗称"小南门"。

在明代，承恩门是晋王府专用的正南门。在清代，承恩门又是只有在迎接皇帝诏书和新任长官时才会开启的大门。所以，它的规格是非常高的。承恩门与拱极门的俗称之所以为"小南门""小北门"，主要是因为明清时期的老百姓不常用，甚至用不着。

1911年10月29日，山西新军响应辛亥革命号召，自承恩门攻入太原府城，直捣山西巡抚衙门。为纪念辛亥革命，承恩门后来改名为"首义门"。可以说，"首义门"是太原古代史的终点，也是太原近现代史的起点。

可惜的是，在太原解放战争中，首义门和整个太原府城墙几乎被炮火损毁殆尽。如今我们能够看到的，是2021年刚刚复建的仿古建筑。

新建的首义门是一座砖木混合结构，三层四檐歇山顶楼阁式城楼，位于五一广场中心。

·首义门南侧立面

永祚寺

　　永祚寺，太原人习惯叫它"双塔寺"。它始建于明万历二十七年（1599年），修塔的首事（主管其事之人）傅霖，就是明末清初著名的书法家傅山的祖父。在他的主持下，两三年后，高耸的文峰塔便建了起来，围塔而成的寺院被叫作"永明寺"。后来，第十一代晋王朱敏淳觉得狭促简陋的永明寺与太原九边重镇的地位不相符，便扩建寺院，并在文峰塔西北46.6米远的地方，建起了第二座高塔——宣文塔。之后，永明寺改名为永祚寺。自此，"凌云双塔"便伴着太原市的风风雨雨一路走来，成为太原的地标性建筑。

· 文峰塔，高54.76米，素砖砌体，塔檐无琉璃剪边；宣文塔，高54.78米，每层塔檐均有琉璃剪边。两塔均为十三层八面楼阁式砖塔。

·双塔

走进永祚寺,依然能看到山门、二门、三门、大雄宝殿、禅堂、客堂、方丈院、过殿、后殿、双塔等完整的明清时期寺院建筑群落。其中,大雄宝殿、过殿、后殿都是由修建五台山显通寺中铜殿的妙峰禅师主持修造。

永祚寺中古建筑最为集中的地方是下院,无梁殿便是其中耀眼的存在。它是一座二层建筑,单檐歇山顶,绿琉璃瓦剪边。下层大雄宝殿面阔五间,殿内供奉铁铸三世佛——释迦牟尼佛、阿弥陀佛、药师佛;上层是三圣阁,面阔三间。无梁殿外,隐藏于牡丹花池中的七株有着四百年历史的明代牡丹,每年都会用自己硕大的花朵,率先迎送四方宾客。

· 无梁殿

藏经楼

据《太谷县志》记载，藏经楼始建于金大定二十五年（1185年），清康熙十二年(1673年)重建，从其始建年份算起，距今已有近900年的历史。藏经楼为歇山顶两层木构楼阁建筑，两层均为重檐样式，面阔三间，进深三间，一层带有周匝回廊，二层带有勾栏平坐。它原本位于太谷县资福寺，迎泽公园初建时被整体搬迁过来，经过1958年至1960年的三年时间，完成了拆迁和安装。

古老的藏经楼为太原市第一个市民公园——迎泽公园平添了浓郁的古典气息。

XISHAN

第三章

Chapter 03

西山

　　从魏晋南北朝开始,"山林"逐渐成为士大夫、佛教徒和道士们的共同追求。士大夫所仰慕的林泉高致、佛教徒所追求的净土丛林、道士们所追求的隐逸仙境,都以"山林"作为"理想的场域"。"山林"思潮直接影响了南北朝以后的中国古代都会城市。在都会周围,逐渐形成存放三教九流之信仰与理想的"山林",佛教的窟寺、道教的宫观、皇家的行宫、贵族的别墅被集中建构在都会附近的山林之中。

　　晋阳城作为北朝和隋唐时期的大都会,其旁边的西部山区,成了晋阳城的"山林"。这一区域以龙山为中心,渐次形成蒙山、天龙山、太山、悬瓮山等"佛道山林"。在北齐前期的高洋、高演在位时期和唐朝时唐高宗、武则天主政时期,西山迎来至少两次由皇家主导的营造高潮。建于北齐的童子寺、开化寺,建于唐朝的龙泉寺、华塔寺,便是引领我们开启西山访古的"皇家向导"。

· 西山古迹汇总图

069

龙山童子寺

童子寺是北齐开国皇帝高洋创建的皇家寺院。它所处的龙山，是晋阳城的龙脉所在。据史料记载，高洋曾让佛教统领法上大师踩在自己散布于地面的头发之上，以此来模仿佛陀前世作为善慧童子时"布发掩泥"的典故。这也是童子寺之名的由来。童子寺在北齐、隋唐时期，曾是晋阳西山的中心大寺。唐代唐高宗、武则天、玄奘大师均曾到访此处，礼拜大佛。

童子寺遗址中现存有北齐大佛残迹。大佛残迹前有一座燃灯石塔，是我国现存最早的燃灯塔。专家据此推测，这座大佛很可能是燃灯古佛。顺着燃灯佛与燃灯塔所朝的方向，正好可以俯瞰当年的晋阳宫。有人猜测，这样的布局，很可能是高欢、高洋父子借用"布发掩泥"的典故，向世人证明高洋继承皇位的正统性。

·童子寺燃灯塔

蒙山开化寺

551年，北齐皇帝高洋在西山敕建开化寺，并在寺后"一里之遥"的崖壁之上开凿了一尊高达"二百尺"的大佛，它就是如今的蒙山大佛。北齐文宣帝高洋、唐高祖李渊、唐高宗李治、女皇武则天、晋王李克用、后汉高祖刘知远都曾先后前来礼佛观瞻。大佛原是被佛阁守护着，但在元末明初的战火中，佛阁被毁，佛头丢失。目前看到的蒙山大佛头部，是依据北齐佛像五官形制复原而成。

1983年，在地名普查工作中，研究人员循着"大肚崖"的古地名，发现了仅有15.75米高的胸部以下部分的蒙山大佛遗存。中国社会科学院考古所专家历经多年的考古发掘，确认了开化寺蒙山大佛和佛阁遗址是北朝时期体量最大的摩崖大佛和佛阁。蒙山大佛也是目前发现的雕造年代最早的大型石刻佛像。依据北齐时期佛像的头身比例推测，坐佛原本通高40米，比当时世界第二高的荣县大佛（36.67米）还要高出3米多，仅次于通高71米的乐山大佛。

· 唐代小说《冥报记辑书》中记载蒙山开化寺大佛高二百尺。按唐代一尺合现代0.295米计算，大佛高度应约59米。但《冥报记辑书》毕竟是小说，数据不足为真实凭据。

· 连理塔

　　这对宋代双塔建于北宋淳化元年（990年），当地老百姓叫它"连理塔"。其位于大佛东南1千米处的开化寺内，是国内现存非常罕见的北宋初华塔式双塔，带有晚唐遗风。

开化寺铁佛殿始建于隋末唐初,后因战乱被毁。如今的铁佛殿为 2009 年复建。

殿内的铁质一佛二弟子像铸造于隋末唐初。这种铁佛像存世的已经非常少了。

·阿难

·隋代铁质一佛

迦叶

077

天龙山石窟

　　天龙山石窟所在的天龙山，本名方山，此处最初有东魏权臣高欢在晋阳建的避暑行宫。高欢去世后，行宫被其子北齐孝昭帝高演在皇建元年（560年）改建为天龙寺，方山也改名为天龙山。天龙山石窟的营造，跨越东魏、北齐、隋、唐四个朝代，历时400多年。

　　天龙山现存东魏窟2座（编号第2、3窟）、北齐窟3座（编号第1、10、16窟）、隋窟1座（编号第8窟）、唐窟14座（编号第4—7、9、11—15、17—20窟）。这些石窟分布于天龙山的东峰（编号1—8窟）、西峰（编号9—20窟）。东西峰之间很可能就是当年高欢避暑行宫之所在。第9窟作为西峰第一窟，规模最大。

· 天龙山石窟全图（拉开浏览全景）

·它是2020年回归的第100件流失文物,似与漂泊在外的近百年相呼应。

·第8窟佛首

太山龙泉寺

  位于风峪沟内的太山龙泉寺，始建于唐景云元年（710年），重建于明洪武二十四年（1391年）。这里独特的窑洞式大雄宝殿和八面攒尖顶木构观音堂都是明清建筑。

  2008年，龙泉寺发现了一处武则天时期的佛塔塔基。塔基内的六边形地宫里，保存有一套完整的舍利石函，用于盛放23颗佛舍利。石函内有鎏金铜饰木椁、鎏金木胎铜椁、木胎银椁、金棺各一件，与石函一起构成五重棺椁。

  2014年至2018年间，龙泉寺大规模复建了仿唐木构建筑群。行走于其中，犹如穿越回大唐的山中寺院，耳边似有悠长静谧的风铃乐歌。

·龙泉寺仿唐建筑

华塔寺

华塔寺，又称花塔寺，原址位于晋阳古城西南的花塔村，介于晋阳古城与晋祠之间，是晋阳城内达官显贵通往西山佛道胜境的必经之地。华塔寺由僧人法宝创建于唐贞观八年（634年），寺内原有高达百尺（30多米）的无垢净光舍利塔。塔身上部有大量佛龛与花瓣，从远处看如同花束，花、华相通，亦名华塔。

华塔寺规模宏大，在唐天宝年间、北宋咸平年间、明洪武年间、清道光年间均有修缮，占地面积一度达到4万多平方米。可惜在20世纪50年代，华塔寺被花塔村翻砂厂占据，大量建筑被拆，仅存明代悬山顶大殿1座。殿内存有彩绘泥塑4尊、铁胎泥塑11尊以及清道光年间碑刻1通。

在山西博物院佛风遗韵展厅，我们还能看到大量出土于花塔村的唐代佛教造像。它们堪称晋阳地区最美唐代造像。

华塔寺菩萨

龙山石窟

唐朝以老子为祖，尊奉道教，在童子寺东南、龙泉寺正南建有昊天观。龙山石窟中的三天大法师龛（第4窟）、玄真龛（第5窟）也开凿于唐代，它们应该是昊天观周围的附属窟龛。

· 龙山石窟

1234年至1239年，全真教丘处机的弟子披云道人宋德方来到龙山。见昊天观残破不堪，宋德方便率领众弟子陆续开凿了虚皇龛（第1窟）、三清龛（第2窟）、卧龙龛（第3窟）、披云子龛（第6窟）、七真龛（第7窟）。而第8窟的三皇龛和已被损毁的第9窟辩道龛均为明代开凿。

　　从全国范围来看，道教石窟开凿不多。因此，汇聚了三个朝代、八九龛道教石窟的龙山石窟，便成为国内现存最大的一处道教石窟群了。

太原西南郊悬瓮山下，有一座建筑与山水古木相映成趣的古典园林，它就是被梁思成、林徽因称赞的晋祠。晋祠完美诠释了中国古典园林秩序感与浪漫气息融洽共生的哲学理念。它以东西方向的中轴线为核心区域，南北两侧各自形成独立的空间，以圣母为悬瓮山下主尊、以唐叔虞为坐北朝南君位形成了"一轴线双主尊"格局。在这片区域，晋祠既是晋阳城创建以来官方祭祀唐叔虞的场所，也是晋阳古城废毁后晋水圣母信仰的祭祀中心。

在东西向的主轴线上，晋祠自东向西分布着的多朝代建筑展现着中国古建的朝代演变。它们分别是正门（1949年后重修）、水镜台（后台为明代，前台为清代）、会仙桥（明代）、金人台（北宋）、对越坊（明代）、献殿（金代）、鱼沼飞梁（北宋）、圣母殿（北宋）。圣母殿南侧依次是台骀庙、公输子祠、水母楼，北侧依次是苗裔堂与朝阳洞，它们与圣母殿一道坐西朝东。主轴线南北两侧的建筑分别朝向主轴线。高台上的唐叔虞祠居于西北乾位，统辖南北殿宇"朝拜圣母"的中轴线。

圣母殿以北，自西向东分布着苗裔堂、善利泉亭、唐叔虞祠、关帝庙、东岳庙、文昌宫。这是一种联通邑姜、叔虞母子，兼顾周朝宗室与后世仙班的布局。

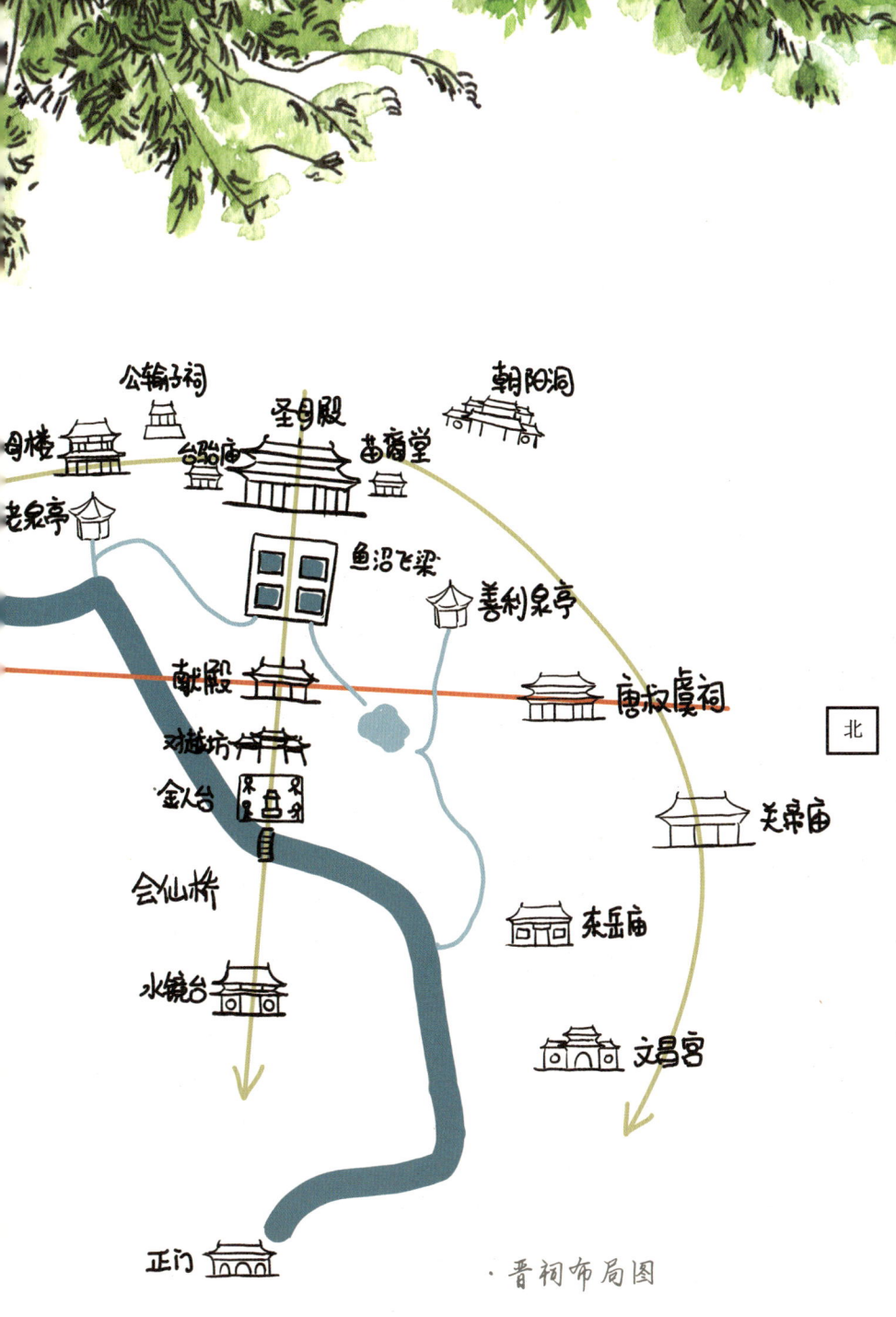

　　圣母殿建成于北宋天圣年间，距今已有一千多年的历史了。大殿面阔七间，进深六间，重檐歇山式建筑，屋角高高翘起，屋檐飞出了优美的弧线。远远看去，大殿巍峨而壮美；走近殿前，游客好似被一股气势包裹，惊觉自己的渺小。

圣母殿前廊的八根柱子上，各盘着一条北宋时期留下来的木雕盘龙，似随时都会腾空而去。这组盘龙柱为全国孤例。

· 晋祠圣母殿木雕盘龙之一

圣母殿内的彩塑作品是宋代宫廷生活的真实写照,也是国内不可多得的宋代艺术奇珍。其中的圣母和42尊宦官侍女像是北宋时期的作品,龛内两尊小像为明代补塑。

整堂彩塑因不同人物的不同身份,表现出不一样的情绪和气质,或端庄内敛,或温婉贤淑,或诡计多端,或唯唯诺诺,无一雷同。其中尤以头戴红巾的一尊"双面"侍女像最为出名。她一面似哭,一面似笑,似哭的一面仿佛诉说着深宫侍女的种种心酸委屈,似笑的一面又温文尔雅,被梅兰芳称赞为"一颦一笑,似诉生平"。

·晋祠"双面"侍女

　　鱼沼飞梁两侧的南北两眼泉水，是晋水的源头。南侧泉名"难老"，北侧泉名"善利"。泉水在古代往往有"仙露"与"财源"的寓意。"难老"是基于"仙露"意象，表达了人们对健康长寿的祈愿；"善利"是基于"财源"意象，表达了人们对"取财有道"的规训。

　　难老与善利，寄托了古代先民对后辈的美好祝愿与道德规训，顺着泉水滋润着晋水流域的生灵。值得一提的是，难老泉匾额上的"难老"二字是明末清初著名书法家傅山先生的真迹。

·难老泉与晋水渠

阿育王塔

　　魏晋南北朝时期是佛教传入中国的关键时期，也是佛教艺术与建筑营造的第一个高潮。据记载，隋朝之前，我国已有 19—21 座供奉佛祖真身舍利的寺塔。其中，山西就有四五座，晋阳古城北部的阿育王塔便是其中之一。

　　阿育王塔原叫惠明寺舍利塔。古印度孔雀王朝的阿育王遍造佛塔，将佛祖的真身舍利广布四方，隋文帝为效仿其行为，将惠明寺舍利塔改名为阿育王塔。现存的阿育王塔为明洪武十八年（1385 年）重建，是元明时期流行的阿尼哥式宝瓶塔的形制。

·阿育王塔立面

· 彩塑护法天王

　　明秀寺位于晋阳城以南的王郭村。根据明代碑刻的记录，明秀寺可能始建于东汉，最晚可追溯至北齐。1542 年，蒙古俺答汗入侵，明秀寺被毁，1559 年被重建。

　　明秀寺现存主要建筑有明代大雄宝殿一座，清代过殿、配殿各一座。大雄宝殿内的明代彩塑"三世佛"、阿难迦叶二弟子、胁侍菩萨两身、护法天王两尊，是太原地区保存相对完整的一组明代佛寺主殿彩塑作品，颇具宋元时期的形制余韵。殿内还保留了 80 多平方米的明代壁画，与佛坛彩塑呼应。

　　明秀寺大雄宝殿是太原地区可与崛㟁山多福寺大雄宝殿、府城崇善寺大悲殿并列的三大建筑，也是彩塑、壁画俱全的明代佛教殿宇。

QINGXU

Chapter 04
第四章

　　清徐县隶属于太原市，古称"梗阳"，春秋时期建邑称县。1952年清源县与徐沟县合并，两县各取一字，得名"清徐"。

　　清源县老城位于汾河西岸，是自晋阳古城南下的必经之地；徐沟县老城位于汾河东岸，是明清时期，从太原府城南下太原盆地中部诸县的必经之地。太原府从汾西的晋阳城迁移到汾东的唐明镇，影响了官道走向，也导致了古代清徐地区行政中心从清源到徐沟的迁移。

　　如今清徐地区值得一看的古建筑，尤其是全国重点文物保护单位，绝大多数便分布在清源与徐沟这两座汾河两岸的老县城之中。

清源县城

县文庙

狐突庙

县城隍庙

徐沟县城

尧城村尧庙

· 清徐古迹汇总图

清源县文庙

　　清源县文庙位于清源县老城内,始建于金泰和三年(1203年),现存大成殿是金代木构建筑遗存。它的大成殿是全国现存建筑年代较早的文庙大成殿之一,和不二寺三圣殿、晋祠献殿同为太原地区现存的三座金代木构建筑。

大成殿面阔三间、进深六椽，前乳栿对四椽栿用三柱，后世修缮补加后金柱，彻上露明造，单檐歇山顶、琉璃剪边，外檐斗拱均为四铺作。

清源县文庙另有大成门、泮池、东西庑留存，为明清时期营建。

·大成殿

狐突庙

位于清徐县马峪乡西马峪村的狐突庙，是一处以狐突为神主的庙宇。狐突信仰主要分布在吕梁地区及其周边邻接区域，清徐狐突庙、平遥利应侯庙便是其中的代表。

狐突是春秋初年晋献公、晋怀公时期的晋国大夫，祖上是被分封在吕梁山区的姬姓大狐氏，有狐毛、狐偃二子。狐毛、狐偃跟随晋文公重耳流亡多年，并在重耳回国后辅佐其称霸。因狐突教子有功，且晋文公之母大戎狐姬也是狐突之女，狐突父子作为晋国贤臣、晋文公舅氏而被祭祀。狐突被封为利应侯，所以狐突庙也被称为利应侯庙。

· 正殿彩塑

狐突庙现存北宋时期的正殿一座，明代的献殿一座，清代的抱厦一座、朵殿两座。正殿前堂部分属明代，内有金元风格的一组狐突夫妇及其侍者塑像，献殿东、西两壁有兴云布雨主题的清代壁画，两座朵殿内各塑有黑龙王夫妇、白龙王夫妇。

· 前堂于明嘉靖年间扩建而成，面阔三间，进深五椽，单檐悬山卷棚顶，斗拱三踩单昂；寝宫面阔三间，进深四椽，斗拱四铺作，单檐歇山顶，殿内梁架四椽栿通搭前后用两柱，梁栿间设驼峰、栌斗隔承，有金代特征；檐下铺作斗口出一跳承托替木、梁头伸出作劈竹昂型耍头、阑额不出头、角梁斜置，为北宋特征。

· 狐突庙正殿

徐沟县
文庙、城隍庙

徐沟老县城的地域内，如今只保留下来县文庙、城隍庙两座古建筑，在县城西北部比邻而立。徐沟县文庙是太原现存的四座文庙之一，城隍庙则是太原现存唯一完整的城隍庙。

文庙现存的照壁、大成门、大成殿、配殿廊庑等，城隍庙现存的栖霞楼、东西配殿、正殿、寝殿，均是明清时期的木构建筑。

·城隍庙

城隍庙前为山门，后为戏楼，总高约 15 米，重檐歇山顶，前有卷棚歇山顶抱厦，所以从前面看仿佛三重屋檐，乍一看让人以为是三层楼阁，实则只有一层。山门两侧各有一座十字歇山顶角楼，是城隍庙的钟鼓楼。

尧城村尧庙

清徐县孟封镇尧城村有一处尧城遗址,传说是帝尧迁都平阳之前的定都之处。尧城遗址旁的尧庙内,保存有明代建筑帝尧殿。帝尧殿内无金柱、无平棋、无梁架,层层叠累的斗拱造型的藻井充斥殿内,堪称一奇。

· 面阔五间、进深五间、周围围廊、重檐歇山顶。

· 帝尧殿

YANGQU

Chapter 05
第五章

 悬泉寺

 窦大夫祠

 净因寺

 多福寺

 新店永宁堡

 太原府

·阳曲古迹汇总图

石岭关

史家庄三塔

辛庄开化寺

不二寺

轩辕庙

范庄大王庙

  阳曲，在古代一直是太原府的北部"大县"，囊括了今天的尖草坪区、杏花岭区、迎泽区、阳曲县在内的广大地域。今日的太原主城区，在晋阳城毁灭之前，其实本是阳曲的地盘。

  金天会年间，阳曲县治迁入太原府城内，正式成为金、元、明、清四朝太原府的附郭县，但范围依旧广大。太原北部的古迹，包括古代太原的三座北部关隘（天门关、赤塘关、石岭关），当时都在阳曲县的地界上。

  阳曲对于古代的太原人而言，简直就是向北之路的代表。对于来到太原的访古爱好者来说，出太原府城的范围，便已进入到一个可以称为"古代阳曲"的广大地域范围内。本书将太原北部的古迹，纳入"阳曲"篇章，便是基于上述用意。

新店永宁堡

　　无论是周秦汉唐时期的晋阳城，还是宋元明清时期的太原府，都是雄踞北方的军事重镇。太原城通往北方的道路上，遍布着或官方组织或民间自发形成的武装堡寨，它们往往以堡、寨、屯、店、镇为名，遍布于通往天门关、赤塘关、石岭关的汾河东、西两岸的道路上。"新店"就是众多堡寨中的一个。在敦煌莫高窟第61窟五台山图壁画上，当时的"新店"已是自长安，经晋阳，去往五台山朝圣文殊菩萨道场的必经之地。

· 永宁堡北门

宋代之后，尤其是明清时期，新店正处于太原府城镇远门的正北方，自新店向东北，便是青龙古镇、城晋驿、石岭关；自新店向西北，便是通往天门关（西关口平天堡）的干道。明朝在新店修筑永宁堡，在隔壁的新城修筑永安堡，双堡并峙，捍卫着太原城北干道的安宁。永宁堡现存北门、北段东部夯土城墙、东段全部夯土城墙较为完整。永安堡仅存残墙几段，在今新城南大街的高架桥下。

守卫着太原府的北方

窦大夫祠

中北大学西侧，群山环抱、汾水静淌之间，有一处静谧安详、古意悠然的古建筑小群落，它就是国家级文物保护单位窦大夫祠。

窦大夫即春秋时期被分封在阳曲县境内的晋国大夫窦犨。他倡导礼乐治国，带领民众筑坝开渠，治理汾河水患，并广开农田，使老百姓安居乐业，在晋国和周边诸国中有一定影响力。后被晋阳城的开创者赵简子杀害。

据祠内现存碑刻记载，至少在唐代，已有了对窦大夫的祭祀。北宋元丰八年（1085年），原祠被汾河大水淹没，祠堂北移至现在的位置。神祠重建后，北宋朝廷封窦大夫为"英济侯"。古代，"济"字往往被用在各路水神庙的水神尊号中，可见窦大夫已彻底被作为地方水神祭祀，形成了独特的地方信仰。

窦大夫祠现存的山门、献殿、正殿均为元至正三年（1343年）所建，是太原地区可与"晋祠三元构"媲美的元代木构建筑遗存。献殿为单檐歇山顶，与正殿共用四根柱子，仔细看，后边的两根柱子其实是正殿的前檐柱，这一用法既经济又实用，体现出了古代匠人的智慧。

窦大夫祠最著名的"仁周三晋""灵济汾源""鲁阳比烈"三块匾额，分别悬挂于山门后檐额枋、献殿前檐额枋、正殿前檐额枋。正殿两侧的东、西朵殿，应是明清时期的木构建筑。

进入献殿，一定别忘了抬头哦！那八卦藻井，布局严谨，结构复杂，令人沉醉。

·献殿

净因寺

位于窦大夫祠正南的土堂村，有一座创建于北齐时期的净因寺。它背靠崛𡾳山，与窦大夫祠隔汾河对望。五代时期的后唐长兴元年（930年），它获得官方赐额，逐步成为一处较大规模的寺院。

据考证，净因寺于金泰和五年（1205年）重建。大佛阁中现存的大佛为土胎泥塑，与全国各地常见的石胎泥塑、木骨泥塑不同，颇为少见。塑像为金代风格，最初于何时塑成已无法考据，鉴于五代时期官方赐额的情况，大佛可能最晚在后唐时期已塑成。

寺内现存的山门、大佛阁、大雄宝殿、观音殿、地藏殿、韦驮殿，均为明清时期所建，殿内塑像也多为同期塑造。

· 坐西朝东的阿弥陀佛和其两侧的观世音菩萨、大势至菩萨。

·大佛与菩萨

多福寺

  多福寺位于崛㟨山顶，始建于唐贞元二年（786年），现存寺院为明洪武年间重建，原名"崛㟨教寺"，明代重建后改称"多福寺"。

  寺内存有天王殿（兼作山门）、大雄宝殿、藏经阁、千佛殿四座建筑。前三座是明代木构遗存，千佛殿为原址复建。

  大雄宝殿内存有明清时期的三佛、三大士、四身胁侍菩萨、倒座观音、两身力士等14尊塑像，东、西山墙及后墙内壁存有明天顺二年（1458年）绘制的佛传故事壁画。

· 观音右腿屈膝支起、左腿自如伸展，右臂搭在右膝上、左臂靠在犼上，犼闭目憨态，观音慈眉善目注视前方。

· 明代倒座观音彩塑

悬泉寺

汾河第二水库景区内，汾河河道旁的山谷崖壁间，坐落着千年古刹悬泉寺。据文献记载，至晚在唐代，这里便形成了一定规模的寺院。明初晋王朱棡将悬泉寺据为晋藩私有，逐渐成为晋藩王府家庙，直到成化三年（1467年），迫于民众呼声才发还民间。

寺内建筑依崖而建，自西向东依次分布有山门、钟鼓楼、伽蓝殿、大雄宝殿、地藏殿、三圣殿、观音堂、斋堂、七佛洞、龙王殿等。其中，大雄宝殿、地藏殿、七佛洞为明清遗构。

·悬泉寺山门

·一边是山崖、一边是河谷，它宛如一座太原的"悬空寺"。

轩辕庙

　　阳曲县黄水镇西殿村的高台之上,营建有轩辕庙,用于祭祀华夏始祖——轩辕黄帝。西殿村明清时期曾是一座堡寨,堡开东、南、西三门,门上各有一座关帝庙。按照明清时期的惯例,此类堡寨往往会在堡中北部起一高台,上建真武庙。西殿村却非常特别,高台之上建起了祭祀轩辕黄帝的轩辕庙。

　　轩辕庙现存正殿似为元代遗构,面阔三间,进深六椽,单檐悬山顶,后下平榑底部有"大元国大德七年"的墨书题记。西朵殿、东西配殿、过殿、山门戏台均为明清时期营建。正殿内有十二药神壁画,东配殿南壁存有龙王兴云布雨图壁画,西配殿南北两壁存有关羽故事壁画。

・軒轅廟正殿

范庄大王庙

范庄大王庙位于阳曲县东黄水镇东部的范庄村,是阳曲小盆地的"东大门"。自这里翻过山岭便可进入盂县、寿阳地界。

盂县藏山自古便是赵氏孤儿信仰的中心。赵氏孤儿故事中的"孤儿"赵武是晋国权臣赵衰、赵盾父子的后代,也是晋阳城创建者赵鞅的祖父。因为赵氏家族一直以来在晋国有举足轻重的地位,且赵武后代成了战国时期赵国的国王,所以当地老百姓把祭祀赵武的庙宇称为"大王庙"。大王庙便是以盂县藏山为中心,在阳曲、寿阳、平定均有分布的赵武信仰圈的具体体现。

范庄大王庙仅存正殿一座,建于明成化三年(1467年)。殿内三壁存有出行布雨、銮车回宫、尚食尚宝等清代壁画,可见赵武大王在信仰圈内也逐渐演化为水神了。

不二寺

不二寺，原名不二禅院，创建于五代十国时期的北汉乾祐九年（956年），宋、金、元、明、清几朝均有重修。1985年文物普查被发现时，仅存一座金代重建的三圣殿、一座元代砖塔，且已破败不堪，有塌陷风险。1987年，三圣殿被整体搬迁到阳曲县城首邑西路。

三圣殿虽经元明清重修，但木构作法还保留了大量《营造法式》中记载的特征。结合金明昌六年（1195年）题记可以断定，其是一座金代的悬山顶木构建筑。殿内现存以华严三圣为主题的九身彩塑，东、西两壁的药师佛法会图、阿弥陀佛法会图壁画均为元代或明初作品。三圣殿前存有两身幢式塔，东塔为不同时代文物的拼搭，西塔为明初洪武三年玘公和尚塔。

·面阔三间，进深六椽，单檐悬山顶。用悬山顶做正殿，是金元时期才常见的配置。

·三圣殿立面与幢塔

辛庄开化寺

辛庄开化寺位于阳曲县大盂镇辛庄村，始建年代不详，金皇统年间迁移至此。现存天王殿、东西配殿、大雄宝殿，均为明清时期营建。大雄宝殿内塑有以三身佛为首的11尊明代彩塑。

·旧时百姓以讹传讹，误作"开花古寺"。

·辛庄开化寺山门

史家庄三塔

　　史家庄三塔，又称帖木儿塔，是太原市最北的一处全国重点文物保护单位。三座古塔分别是元代史仲显、也先帖木儿、拜延帖木儿父子三人的墓塔，分别创建于大德九年（1305年）、至正十年（1350年）、至正十三年（1353年）。其中，史仲显的石塔为幢式塔。

父亲史仲显是一个汉人，他的两个儿子却都采用了蒙古化的名字，反映了元朝时期，北方汉人存在蒙古化的风尚。但塔铭中记载了也先帖木儿的儿子们分别被取名为和卿、和甫、君卿，显然之后又恢复了汉化。

· 中间像经幢一般的石塔是史家父亲的，两边三层楼阁式的八边砖塔是史家两个儿子的。

· 三塔立面

石岭关

　　石岭关是太原的"北部三关"之一，位于阳曲县北部，自古就是太原府与忻州的分界线。北部三关的其余两关是赤塘关、天门关，均位于石岭关以西，已几乎无迹可寻，而石岭关依旧存有关城门楼，实为难得。石岭关的南侧是阳曲小盆地，北侧是忻定盆地。若从太原北上，途径此关所需翻越的山岳丘陵最少。因此，这里自古就是太原北部的交通主干道。敦煌莫高窟第61窟五台山图壁画中，能够清晰地看到晚唐五代时期石岭关的身影。

在北宋灭北汉的战争中，北汉盟友辽国大军在石岭关被北宋军队成功"围点打援"。石岭关之战的胜利让北汉失去了辽军的援助，为宋军攻克晋阳城提供了重要的策应。

如今的石岭关城址，已是明清时期的遗存。高速公路、高速铁路这些现代化的交通运输网，争先恐后地经过石岭关北上。失去关隘作用的古老关城，就这样静静地守望着太原。

石岭关关城

图书在版编目（CIP）数据

走！去太原：访古手册 / 寒鲲著；陈梦楚绘.
太原：三晋出版社，2025. 4. -- ISBN 978-7-5457
-3222-1

Ⅰ. K872.251-49

中国国家版本馆CIP数据核字第202585UL55号

走！去太原:访古手册
寒鲲 著 陈梦楚 绘

出版统筹： 莫晓东
责任编辑： 段怡璞
助理编辑： 刘静萱
书籍设计： 大口吃鱼
责任印制： 李佳音 王立峰
出 版 者： 山西出版传媒集团·三晋出版社
地　　址： 太原市建设南路21号
电　　话： 0351—4956036（总编室）
　　　　　　 0351—4922203（印制部）
经 销 者： 新华书店
承 印 者： 河北鑫玉鸿程印刷有限公司
开　　本： 889mm×1194mm　1/32
印　　张： 4.75
字　　数： 60千字
版　　次： 2025年4月　第1版
印　　次： 2025年5月　第1次印刷
书　　号： ISBN 978-7-5457-3222-1
定　　价： 69.00元

如有印装质量问题，请与本社发行部联系　电话：0351—4922268